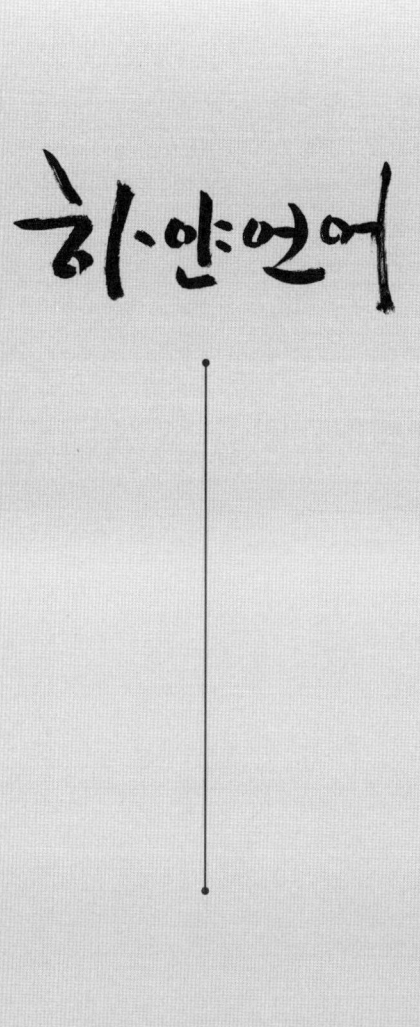

하얀 언어

초판 1쇄 발행 2023년 11월 15일

지은이 이선 전세연
캘리그라피, 삽화 김경래
펴낸이 장현수
펴낸곳 메이킹북스
출판등록 제 2019-000010호

디자인 최미영
편집 최미영
교정 강인영
마케팅 김소형

주소 서울특별시 구로구 경인로 661, 핀포인트타워 912-914호
전화 02-2135-5086
팩스 02-2135-5087
이메일 makingbooks@naver.com
홈페이지 www.makingbooks.co.kr

ISBN 979-11-6791-458-3(03810)
값 10,000원

ⓒ 이선 전세연 2023 Printed in Korea

잘못된 책은 구입하신 곳에서 바꾸어 드립니다.
이 책의 전부 또는 일부 내용을 재사용하려면 사전에 저작권자와 펴낸곳의 동의를 받아야 합니다.

메이킹북스는 저자님의 소중한 투고 원고를 기다립니다.
출간에 대한 관심이 있으신 분은 makingbooks@naver.com으로 보내 주세요.

홈페이지 바로가기

하얀언어

이선 전세연 지음

메이킹북스

목 차

제5계절

미역	9
어둠의 연대기	10
도로의 사냥꾼	12
시계	13
시스템 커튼	14
모노드라마	16
돌탑의 노래	18
바다체	20
나무 도마	21
산을 쓸다	22
바퀴, 잠들다	24
시를 세우다	26
야간 비행	27
사각 티슈	28
창밖의 십자가	29
전망 좋은 집	30

전신주	32
수양버들	33
양파	34
두루마리 화장지	35

초록 밀어

봄아기	37
남녘의 아침	38
민들레	39
풍성한 미끼	40
동백꽃 그녀	42
봄 한 삽	43
초록 기지개	45
제국의 야망	46
봄이 아프다	48
다정한 안부	49

범람한 태양

그 남자가 왔다	51
장마를 구독하다	52
칠월이 피었다	54

나무 물결체	55
여름 특별시	56
햇빛을 바투다*	57
매미	58
폭식	60
한여름 소나타	62
축제 이후	64

가을체 서신

해바라기의 죄	67
가을 코드	68
가을 산책	70
늙은 호박	72
그 여자	74
소문	75
가을 악보	76
고엽	78
낙엽 그… 프롤로그	79
가을 배웅	80

겨울 그 에필로그

사랑사랑 내리는 눈	82
겨울나무가 쓰는 시	83
당신의 세상에서	84
어둠의 자리	85
겨울의 초상	87
하늘꽃	88
얼음 호수	90
아득한 여명	91
12월의 송가	92
진실한 숲에서	94

시집을 내며	**96**
독자의 소리	**98**

제5계절

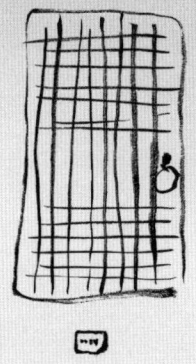

미역

바다를 떠난 뒤로 몸이 말라가기 시작했다

해풍에 내몰린 비린 생을 풀어헤치고
흔들리기만 했던 과거를 떠나는 일은
한마디 인사도 없이 먼 뭍으로 떠나는
여행인지도 모른다

추수 끝난 늦가을처럼
한없이 메마른 삶이 서쪽 하늘에 기대어
기다림에 말을 건넨다

멀어진다는 말도
헤어진다는 말도
모두 먹먹히 가슴을 내려놓는 일이라

까맣게 변해가는 등에서
내면은 더욱 꼿꼿해지고
점점 작아지는 이 족속의
마르고 마른 뼈마디의 골다공증이

어디선가 찰랑이는 물기에 닿기라도 하면
잊혀진 기억의 가장자리가 팽팽히 젖어 들어
먼 바다를 불러본다

어둠의 연대기

도시의 저녁,

석양이 지면 빠르게 어둠에 살이 돋아
싱싱한 밤이 태어난다
늙은 빌딩이 우두커니 군데군데
표피 같은 무늬로 뼈를 드러내고
교차로에 고인 흥건한 어둠의 혈류가
도로 위로 흐른다

간판이 앞다투며 저마다의 이름으로
얼굴을 내밀며 아우성칠 때마다
가로수의 이마가 반짝거리고
밀려난 어둠의 뒤통수는 어둡다

상가 앞에 내놓은 입간판이 화들짝
밤의 허리를 자르고 서서 하루의 꼬리는 길어지고
네온 아래 발목이 잡힌다

골목마다 흡연자의 실루엣이 연기를 피워 올리고
길고양이가 적재된 어둠 아래로
밤을 휘젓고 있을 때
자동차는 도시를 가르며 하루를 돌아간다

어둠의 살갗이 풍성하게 늘어날수록
깊어지는 밤의 감촉이 가슴으로 스며들 듯
소음도 잠이 들어 고요에 누워 하루를 재울 때

가로등만 무심히 빛을 부려 놓지만
붉은 해가 달려오는 새벽 소리에
아스라이 스러진다

도로의 사냥꾼

도로의 강을 따라 사냥을 나선다
빌딩 숲을 헤치며 먹이를 찾지만
먹이 사슬도 끊긴 늦은 밤
빨간 '빈차'를 채우기 위해 달리는
두 줄기 불빛이 허기지다

포식할 수 없는 도시의 우듬지에서
밤의 등을 밟은 자를 포획하고
시간의 굴레를 벗어난 자유를 탕진한 자의
발목을 노린다

밤이 깊어 갈수록
어둠의 할증이 붙어나도
인적 없는 도로는 고요만 활보하고
가로등만 도로를 지켜볼 뿐

사막을 건너온 낙타처럼
생의 무게를 내리고 싶은 밤
바짝 마른 강가에 당도한 텅 빈 사거리
적막도 삭히어져 달릴 수 없는 밥벌이에
밤새 앓고 난 후 사라진 입맛처럼
무심한 새벽만 다가온다

시계

절룩이며 걸어도 늦는 법이 없는
계산적인 걸음에
건조한 목소리로 살아가는 하루가
구령처럼 재깍거린다

낮과 밤을 잘게 쪼갠 시침들이
한 칸 한 칸 인생을 깁어 가는 동안
초침은 현재를 먹으며 과거를 배설한다

암수 한 몸이 오늘을 낳아
배꼽의 탯줄로 시간을 수유하며
세월의 살집이 불어나도
촘촘한 하루를 놓칠 수 없기에

한결같은 일상을 지켜보며
쉴 수 없이 가야 될 외길이므로
인생의 밀림을 벗어날 수 없는
바늘의 생계는
사람의 꿈을 수혈하며 살아간다

시스템 커튼

밤을 위조한다

어둠을 가두고 햇살을 은폐하면

새벽은 창에 부딪히고

웅크린 여명이 아침을 풀어 놓는다

밤을 세팅하고

늦은 하루가 다리를 뻗어 피로를 누이고

깊은 숙면을 시뮬레이션한다

새벽까치 소리를 삭제하고

인기척은 오류로 처리한다

유년의 어느 날을 지나듯

아련히 들리는 아침 이야기

잠의 촉각이 뭉근해지고

어둠의 데이터가 잠을 불러온다

창문 밖 서성이던 햇살이

테라스에 화초를 키우는 사이

수면의 카테고리에서 단꿈을 전송하면

오전이 종료된다

모노드라마

구십의 홀어머니를 두고
육 남매의 장남이 돌연사를 했다
죽음은 기습적이고 날카로웠다
혹여 갑작스러운 아들의 부고에
노모조차 잃을까 남은 자녀들이 입을 다문다
노모는 큰아들이 요즘 소식이 없다고
효자인 막내아들에게 안부를 묻는다

요즘 형님이 몸이 아파 입원 중인데
곧 괜찮아진다니 너무 걱정하지 마세요 어머니,

한 번의 거짓말로
형의 인생을 연기하는 일인극의 주인공이 된다
성대모사가 시작되었고 한 번씩 살아나는 형이
노모의 수명을 안정시킨다

죽은 자의 평평한 나날들이 흐르자
일 번에 저장된 큰아들에게 전화를 건다

큰애냐?
예, 어머니
아이구 아야 많이 아픈겨? 어디가 아픈겨? 밥은 잘 먹는겨? 걸어는 댕기는겨?

애끓는 어미의 걱정이 쉴 사이 없이 수화기에
용암처럼 흘러넘친다

예, 밥은 잘 먹으니 걱정하지 마세요
조금 있으면 좋아진다니
너무 걱정 마세요, 어머니

고인의 폰을 휴대하며 노모의 전화를 받아
형으로 빙의한다
병원에 오겠다는 노모를 말리느라
산속이라 오기 힘드니 다 나으면 가겠다고 통화를 끊는다

죽은 자의 효심이 전해지고 효자의 가슴은 저리어 온다
죽음을 연기하는 대사는 공허하게 되풀이되고
지킬 수 없는 약속이 어미의 가슴을 다녀온다
각본이 정해진 드라마에 예측할 수 있는 복선은
효라는 지문으로 처리되고
위기 없는 결말을 향하여 슬픈 엔딩을 늦추려
폰을 충전한다

단 한 명의 관객을 위해,

돌탑의 노래

오전이 숲을 건너가는 시간
산속에 놓인 세 개의 돌탑,

묵직한 돌의 심장을 빌려와
어깨를 맞추며
누군가의 간절함을
쌓아 올린 나란한 흔적

원시의 움막처럼 소박한 허리둘레
빈틈없는 촘촘한 기도의 조각들

오래전부터 밟혀 부서진
돌의 감정은 모가 났지만

모서리가 모여 모서리를 없애고
뾰족한 마음을 두드려
둥글게 서로를 감싸는
부드러운 소원의 두께

가을에 물들지 않고
폭설에 무너져 내리지 않을
소원이 안치된 자리

오로지 기도와 염원으로
뿌리내린 돌의 사원

바다체

바다는 깊고 푸른 눈으로 추억을 되새기려
몸을 뒤척이고
파도는 바다의 기억을 모래 위에 적는다
차가운 심장은 늘 젖어 있어
뿌리 내리지 못하고
살아온 분량만큼 출렁인다

한때,
비로도 채워지지 않는
비워둔 적막이 문장을 차지하고
넌출넌출한 해풍의 방황과
잠 못 들던 별들의 자리는
여백으로 남긴다

홀로 술을 마시던 고단한
남자의 독백도
사랑을 이별한 여인이
버리고 간 추억도 윤슬에 간직한다
배내 속보다 따듯하고 부드럽게 읽히는
바다의 문체를 오늘은 내가
읽는다

나무 도마

도마를 씻고 보니
어머니의 등을 닮았다
더할 나위 없이 마른 등을 내맡기고
어떤 도마질에도 기꺼이 받침이 되어 주는
묵묵한 자애로 결이 난 등

삶에 날이 선 날
상처에 가시가 돋고
부서진 마음이 길을 잃은 날에도
변함없는 무게와 넓이로
한껏 받쳐 준다

때로 좋을 수 없는 삶에
부딪치며 다져진 허리가 움푹 패여도
늘 그 자리에서
허기진 하루를 위로하기 위해
등을 내어주려 한다

산을 쓸다

자주 가는 뒷산이 소년을 닮은 듯
성큼성큼 자란다
먼 길을 온 듯하지만 가까이서 온 여린 봄이
일제히 주둥이를 벌리고 햇살을 쪼아 윤이 난다
하루가 다르게 봄의 근육이 한 뼘씩 자라는 산을
오늘은 누군가 길을 쓸었다
가을에 추억이 길 옆으로 밀려나고
새봄이 걸어오는 길을 터 주듯
낯선 빗질에 당황했을 산의 정수리
전에 없던 호사를 누린 산빛은 상쾌하다
묵은 때를 벗긴 듯 훤해진 산등성이에
바람이 먼저 쾌활하게 지나가자 숲속이 명랑하다
깨끗이 드러난 가르마 옆으로 연둣가락으로 발모하는 나무들
누군가 터놓은 길 위에 한낮의 고운 햇살이 자분자분 내려앉고
아무도 걷는 이 없는 길이 그리움을 닮았다
어떤 이가 산에다 그리움을 깔아 놓은 것인지
말없이 쓸었을 그의 뒷모습
부드러운 속살에 황톳빛 산맥을 정갈히 쓸어내리며
손끝에 걸리는 것들이 낙엽뿐이었을까
드러난 돌멩이처럼 튀어나오는 사연 하나 쓸려가지 않아
가슴에 걸리었으리라
어쩌면 잊히지 않고 낙엽처럼 쌓인 옛사랑의

추억과 긴 이별의 슬픔을 쓸었을까

어디선가 한 마리 산비둘기 울고 있는데,

바퀴, 잠들다

도로 발치에 잠을 청하는 긴 용,

꼬리에 꼬리를 물고
맹수보다 빠르게 달린 관절을 멈추고
척추에 힘을 뺀 등짝이
줄줄이 엎드려 잠을 잔다

바람을 할퀴고 돌아온 네 개의 발꿈치,

팽팽한 속도를 털어 낸 하체가
둥근 무릎을 세워 온순해지고

빛나던 눈빛도 아슴히 거두고
허파의 거친 숨을 가라앉힌다

서성이던 저녁이 빠르게 승차하고
한 무더기의 잠겨진 어둠

격리된 야수는 밤마다 자폐를 앓는다

니코틴의 끈끈함처럼
진득하게 퍼진 밀폐의 입자들
사물이 거울에 보이는 것보다 가까이 있다는
친절을 단절한 채 고요를 덮은 새벽

창 너머 휑한 풍경을 기지개 켜며
아침에 이르러 치유가 되는 수면

마침내 깨어난 용의 마디들이 흩어지고
저마다의 비상을 꿈꾸며
거리로 돌아간다

시를 세우다

메마른 감성을 측량한다
마음과 마음의 거리를 재고
상상의 대지 위에 부는 바람을 설계하고
삶의 이야기를 조각조각 떼어내 틀을 짠다
농부의 마음으로 시심을 키워
튼실한 사유의 기둥을 세우고
남쪽으로 난 창문엔 자유를 실어 나르게 하고
화단에 꽂은 문장의 향기를 더하게 한다
절제된 언어로 밀도 높은 울타리를 치고
울창한 단어의 숲에서 발췌한 것들을 마름질한다
어망(語網)에서 나오는 자음과 모음의 덩굴들이 공간을 두르고
신선하고 번뜩이는 구절로 벽을 쌓는다
진부한 구절이 재단 당하고
담쟁이처럼 단단한 푸른 은유가
성벽을 옹골지게 덮으면
하나의 생명체가 되는 그런,

야간 비행

검은 새가 되어 구름이 폭주하는
거리를 날아간다
밤을 할증한 허공이
더 큰 허공에 먹혀 유통 기한은
초고속으로 폐기된다
만져볼 수 없는 어둠은 얼마나 애처로운가
덜컹대는 난기류에 머뭇거림 없이
뛰어들어 산산이 부서지고 말아
최고의 권력은 마하로 군림한다
보이지 않아도 보이는 것들이
날개의 속도에 전해지면
견딜 수 없는 순간을 달려야 한다
어둠의 터널이 지나도 적막을 품어야 하고
깊게 찌르는 바람의 칼끝을 견디며
끝없는 외로움이 스친대도
어디에도 없을 절대 고독을 만나야 한다
길들여진 슬픔에 주저앉고 싶을 때
날개는 피로해진다
서서히 앓을 대로 앓은 제국에게
대지의 좌표들이 길을 내어준다
굽은 발을 뻗어 본다

권력은 착오가 된다

사각 티슈

선한 마음을 포개
한 겹의 고비마다 다리를 놓아주면
외길로 가는 부드러운 고집

순백의 가슴에 담은
삶과 소멸의 이야기를 한 장씩
떼어내 읽으면 사라진 자리마다
한 점씩 새살이 돋아

하나의 문을 향해
제 몸에 슬어 놓은 복종이
완성된 운명을 향해
소멸하려는 사각의 마침표

창밖의 십자가

새로 생긴 십자가가
빛을 내며 내 생의 이력을 묻고 있다
갑자기 꺼내게 되는
수장된 과거와 설익은 오늘이
여러 구절로 나누어진다

지나간 어제는
별자리 탓도 아니요
음양오행의 수레바퀴도 아닌 것

그저 이승의 거리를 배회하던
사람들이 휴지처럼 풀어 쓰다 힘없이 드러누운
죽음 사이에서 의연하게 살아 낸 것일 뿐

건너편에서 보여질
고집스러운 내 생애가
성실한 자들의 낭비 없는 삶처럼
단단하게 음각된 족적이 십자가 아래 자명해질 것을

소중한 그 무엇들이 바닥을 드러내도
돌아오지 않을 문밖의 시간은
이쯤에서 요약 같은
문장으로 완성되리

전망 좋은 집

사계절을 한 토막씩 맛보며
영혼이 살찔 전망 좋은 거실에
유쾌한 바람이 들어와
욕심껏 탐낸 햇살의 체취가 달큰하다

창문 앞 키 큰 가로수는
막차를 기다리듯 고요하지만
단풍의 맥박이 흐르는
저물어가는 여름의 가지엔 초록의
단내가 난다

계절의 경계를 지나며
푸른 날의 기록을 새들이 물고 와
나무들이 소란하다

이제 눈빛과 심장은
봄 트는 소리에 귀가 열리고
벚꽃의 웃음소리로 잠에서 깨어나고
여름내 녹음을 쟁여 둘 곳간은
초록 볕으로 넉넉해지며
단풍의 합창은 웅장할 것이다

호젓한 만추가 지나고
청청한 소나무 숲에 흰 눈에 쌓이면
창밖의 세상은 다듬지 않아도
서정 가득한 시어들로
향기로운 시집이 되리라

전신주

팔 벌린 만큼의 세상을
사랑하기로 했다

놓지 못한 것들로 인해
홀로 선 아득함에

시린 몸을 세워
보이지 않는 입김을 불어 넣는다

적당한 거리에 네가 있기에
내가 줄 수 있는 사랑이

한결같이 너에게 닿는다면
홀로 서 있어도 외롭지 않을 것이고

세상의 일이 기다리는 일이라면
지치지 않고 기다릴 것이고

주는 것이 사랑이라면 남김없이
줄 수 있는 마음인지라

곧추세운 내 사랑이 어느 산맥을 넘어
네게 닿을 것을 믿는다

수양버들

천수관음의 손보다 많은
손들이 추억을
어루만진다

때때로 바람을 쓸어내며
잊으려 했지만
고개 숙인 삶이 흔들린다

마디마디 커지는 그리움을
온 삶에 내주어도
기워 올린 생은 사랑으로 향한다.

양파

얇은 수의를 걷어내면
인생에 뿌리내린 이야기를 탁본해 온
삶의 결정체

인내의 골격은 흰 뼈대로 자라
한 겹 한 겹 독한 사연들로
돌돌 만 속내는 늘 아리기만 해

매운 인생살이
겁 없이 들춰내면
눈물 없이 들을 수 없는
모성의 굴레

토해 내지 못한
인고의 고통에도
스스로 감싸며 굳어진
옹이 한 톨

두루마리 화장지

아련히 피어나는
안개의 둥근 입김일까

산기슭에 머문
흰 구름의 머리를 감은 둥치일까

가지마다 눈꽃 피듯
몽우리로 피어나는 나무 한 송이

잘려나간 처녀림의
울음이 한 봉지 가득하다

고목의 누에고치가 되어
한 올 한 올 풀려나오는 흰 숨소리

칸칸이 메아리도 갇히어
자꾸만 아득해지는 먼 숲

바람결 같은 살점 떼어 내면
마디마다 적힌 나무의 묵시록

태어나는 것은
사라지는 것이라고,

초록밀어

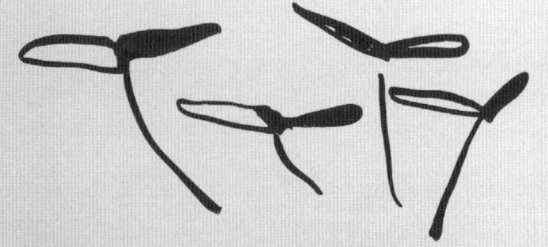

봄아기

어린 봄이 칭얼거려요
남녘의 바람이 살포시 안아 주니
조그만 연둣빛 입술이 오물거려요
햇살을 수유한 잇몸에 아마도 초록니가 나오려나 봐요
새들이 옹알이를 흉내 내느라 가지마다
의성어가 가득 매달렸어요
아랫마을 돌담에 사는 개나리는
꽃말이 터져 재롱을 독차지해요
송이마다 노란 목소리 노래를 부르면
강아지 고양이가 들어줘요
참새가 앞마당에 음표를 물어오면
병아리가 따라 불러요
텃밭에 농부 아저씨는 이랑마다 북을 돋아
파종을 해요
보드라운 봄날의 하루가
잘금잘금 꽃 자국 따라 지나고
봄비가 톡, 톡,
자장자장 하면
봄이 훌쩍 자랄 거예요

남녘의 아침

지금
남녘은 소란스럽다

새싹은 꼬물거리고
개울은 강 따라 떠나고

농부가 연장 챙기는 아침
엄마의 냉잇국 끓는 냄새

봄 한 숟가락,
희망 한 수저,

마침내 소화할 이 봄

민들레

땅 위로 꽃대 하나 밀어
초록 받침 하나 만드는 일이
바람채 긴 겨울이 뿌리에 남긴
이야기를 함이니

몸 하나 세우고
안으로 겹겹이 여민 밀어들이
가는 목을 흔들어도

바람이 지날 때 지나고
어둠이 머리 위로 몇 번 지난 뒤에야
마침내 햇살처럼 터지는 꽃

꽃 피는 일이 누군가
기다리는 일이었다면
나비가 앉아 잠을 자도
풍경이 되고 마는,

풍성한 미끼

봄을 낚으려면 봄 등에 올라타야 제 맛,

이미 어린 새싹이 일광욕을 즐기느라
자잘한 웃음소리가 지천에서 만발이고
쑥은 이 세계서 군주이다

가장 많은 영토를 차지한 주인으로서
그들의 거대한 혁명은 봄 한 철
녹색 바람을 일으키고 있다

봄 까치는 지금 청일점,

해초롬한 얼굴로 꽃의 소네트를 담당하니
그의 곡은 일절이면 충분히
아름다운 갈채를 받는다

제법 미끈한 몸매에 버들개지는 숨겨 두었던
보드란 가슴을 다 내보이고 있어
물오른 속내를 들키겠다

목련은 흰 목을 드러내 유혹하고
우아함이 최고의 무기임을
아는 봄의 여신답게 고고하고

개나리는 노란 종을 마구 흔들기에
시내는 종소리에 물들어
낮에도 종일 햇살처럼 울려 퍼진다

진달래는 순해서
분홍 분홍한 인생을 살기엔
최고의 낚시 감,

곳곳에 미끼가 풍성해
이즈음 되면 만선이다
배부르다

봄은 언제나,

동백꽃 그녀

봄날이 고삐를 풀자 각진 도시에도
봄이 쏟아진다
겨울부터 볕을 모았던 동백은
봄 입구에 꽃 몽우리를 풀었다
붉은 시어가 초록 사이에 빼곡히 열리고
그 앞을 지나던 순나 언니도 시가 피어난다
언제나 꽃처럼 하얗게 웃는 그녀는
매번 첫봄인 양 환희에 가득 차다
다정한 바람의 머릿결을 쓰다듬으며
포근한 오후에 기대어 있을 때
봄 편에 닿아 있던 그녀의 전화
'세연아 동백 앞으로 나와'
커피숍도 아니고
밥집도 아닌
동백나무에게로 오라는 꽃향기 터지는 말
봄나물보다 더 봄내 터지는 말
순간,
앓던 봄이 날아가고
말랑하고 부드러운 속살이 만져지는 언어의 촉감,
붙잡을 수 없는 봄이 지나가는데
오래도록 지지 않을 동백이 피었다

봄 한 삽

들녘에 문을 열어 본다
골 파인 무늬엔 겨울의 지문이 사라지고
황토의 속내를 뒤집으니 마음보다 빠른
봄의 숨결이 이랑에 가득 고인다
때를 기다려 아랫목에 누워 꿈을 꾸듯
일생을 품은 작은 씨앗들에 이름을 찬찬히 불러주면
무수히 산란하는 초록의 더듬이들
햇살 한 줌 받쳐 들고 싱그럽게 재잘대는
첫물의 수다 소리
봄내 가득한 잘 여문 이 별에서
바람이 낭송한 생명의 서(序)는
대지의 가슴에 피를 돌게 하고
연둣빛 발자국 무성히 다가오는 여린 봄가엔
살푼 꽃등이 징검징검 건너온다

한겹씩 내려놔
그러면 새순이 돋을거야

초록 기지개

숲에 나무 한 그루 쓰러져 뇌졸중을 앓는다
예고 없이 혼절한 허공이 크다
어느 가장이 쓰러질 때에도 커다란 허공이 생겼다
갑자기 놓쳐 버린 미래는 골절되었고
자신의 삶에 관객이 되어 절망을 관람하는 비극은 고통이던가
직립의 방식은 무너졌다
감각은 차단되고 악수를 보류한 채
키워드는 오로지 재활 뿐
통한다는 말이 통하지 않는 슬픔을 베고 누워
하초의 힘찬 역류를 꿈꾼다
축 늘어진 관절을 일으켜
진저리나는 정체를 훌쩍 뛰어 도달하고 싶은 일상,
해피엔딩으로 끝나는 장편 소설의 마지막 같은 완성을 위하여
걸음 한 점을 찍는다
한 모금의 수액이 흐르는 동안
몇 번의 겨울이 돌고 돌아
얼음장 아래로 맑은 물이 흐를 때
뿌리가 가지에게 희망의 수액을 링거 한다
불행은 매립되고
굳었던 봄이 기지개를 켠다
물기 오른 반쪽에 초록 가지가 돋아난다

제국의 야망

홍매화 붉은 완장을 두르고
봄의 지휘관이 되었다

햇살이 거느린 드넓은 영토는
탐나는 제국

물오른 신선한 수액으로
혈기 왕성해지는 봄의 전령들

점점 부풀어 오르는 초록의 야망이
빠르게 퍼져 연둣빛 독재가 바람을 타고 번진다

전쟁하기엔 볕 좋은 날이 최고,

저마다 뾰족한 총알로
초원을 점령해 가는 초록의 병사들

남에서 북으로 달리는 그들의 속도를
누구도 피할 수 없다

살아 숨 쉬는 것들은 모두
초록 피가 돌고 초록 숨을 쉰다

이제 봄의 지배를 받는 자

봄나라 언어를 사용해야 하고
신분은 모두 꽃 같아야 한다

누구나 할 것 없이 햇살 아래
꽃밥을 나누어 먹으며

노랑나비의 불시착을 도와야 하고
매복한 바람엔 무장을 해제한다

시냇물의 노래를 배우고
제비가 물고 온 소식을 매일
들어야 할 것이다

곳곳에 울려 퍼진 계엄령

이때,

담 아래 반기 든 개나리
최고의 화력을 장전 중이다

초록 밀어

봄이 아프다

절룩거렸다
자꾸만 보이지 않는 곳으로 기울어졌고
한 무리 꽃들이 필 때마다 함께 피는
바이러스
덧나는 향기를 격리시켰지만
반쯤 가린 눈빛이 불안하다
도시는 우울을 전시하고
속울음을 파는 상점들의 절망이
재고로 쌓이는 동안
바람만 휘감는 봄
목련이 그러했듯 철쭉이 피고 지도록
봄은 허상처럼 다녀가고
숲은 초록을 앓는다
민들레 홀씨 같은 마지막 종착지의 위태로운 결말에
신열이 오르지 않도록 익숙한 공기를 털어낸다
창밖 이팝나무에서 보내오는
하얀 수신호 따라 봄이 환승할 즈음
어둠과 빛으로 조각난 몸뚱이가
얼굴과 얼굴 사이를 고통과 기도 사이를
무사히 통과하여
앙상해진 일상이 끝내 검은 안개를 걷어내고
환한 그리움이 간절한 그리움을 치유하길,

다정한 안부

꽃비가 내리는 공원에
다정한 봄이
바람을 풀어 놓았습니다

한 번의 숨이 기쁨이었다가
환희였다가
축복으로 다가와
행복이 낭자한 햇살 아래 서 있습니다

산다는 게
그저 저 들판에 나를 데려다 놓기에
충만한 이 봄 앞에 욕심조차 지고 맙니다

바람이 부드럽게 목덜미를 지날 때
그리운 이의 안부처럼
봄은 그렇게 잘 도착했습니다

범람한 태양

그 남자가 왔다

봄을 사냥 나간 그 남자가 왔다
연두와 꽃들을 정복하고 승리를 거둔 힘찬 걸음으로
바다 위로 떠오르는 뜨거운 해를 거머쥐고 왔다
온통 초록 갑옷으로 무장을 하고
굵고 튼실한 거목을 흔들어 대며 승전을 이룬 기백이 넘쳐난다
그 남자의 눈빛도 대단한 것이
복수보다 뜨겁고,
욕망보다 뜨겁다
고집도 불통이라 산맥에서 산맥으로 가는
길을 돌아가지 않는다
매양 뜨거운 해를 끌어안고
심장을 활활 태우며 꿋꿋하게 건너가지만
정작 도착한 그의 집은 넉넉하고 풍요로우며
소나기와 매미의 랩소디가 흐르는 곳이다
머리 위로 마파람이 불면 그의 식솔들이 살이 올라
초록 씨앗이 영그는 곳에
그 남자의 야망이 낮잠을 자는
지상 최고의 영토를 가진
남자이다

장마를 구독하다

젖은 마음이 창밖을 시청한다

바람의 등을 스치며 떨어지는
음자리 따라 연주되는 비의 소야곡은
이 계절에 오리지널 사운드 트랙이
되어 물큰한 영상 속에 흐른다

몰티즈의 산책이 생략되고
밤사이 폭우로 불어 터진 새벽이
축축하게 일어날 때
물의 긴 혀가 도시를 핥는다

뙤약볕이란 말이 검은 구름 뒤에서
빛을 잃은 지 오래
여름을 잠복 중인 기울어진 어린나무
황톳빛 수종을 앓는다

놓지 못하는 연인처럼 끈끈함이
집착 심한 어느 사랑을 닮았던가
끈질기게 물고 늘어지는 영상의
조회 수가 지역별로 늘어난다

실시간 전해지는 비의 근성이
집요하게 파고들어
마을을 폭식하는 화면은
등급 없는 폭력이다

지루한 상영 시간을
빨리 감기로 끝내고 싶은 결말
음습한 집착이 집착을 낳고
진흙탕의 상처만 남겨

밝은 곳으로 가야 밝아지는 세상
맺고 끊음은 새로운 시작

파란 하늘이 겹겹의 구름 사이를 갈라놓는다

범람한 태양

칠월이 피었다

    공원 가득 빼곡한 여름의 입자, 장편 소설의 치밀한 전개처럼 초록의 밀도가 두터운 풍경 속을 비둘기가 입체감을 살린다 자귀나무 환하게 칠월을 지키고 이제 배롱나무 백여 일 붉어질 일만 남았다. 해마다 어김없이 출하되고 뜨겁게 절판될 녹음들, 비유는 넘쳐나고 웃자란 푸른 어휘가 여름을 서술한다. 초록이 차곡차곡 쌓이는 동안 망초꽃 엎질러진 자리 바람이 깃을 세울 때 나비도 꽃인 양 나부끼고 잔디에 발을 담그며 푸름에 젖은 하루, 느리게 다가오는 붉은 노을이 흰 백합에게 향기를 얹을 때 짧은 밤이 야윈 별은 데려온다

나무 물결체

꽃의 속도가 느려지고
유월 숲으로 바람이 지나간다

오지도 가지도 못하는 그 자리에서
나무의 문장은 저리 푸른가

오래된 하늘이 너른 가지를 돌볼 때
새들이 물고 오는 한낮,

마음과 부딪힌 마음에 통증이 생길 때
가장 먼저 숲을 바른다

붉었던 마음의 온도를 내려주고
상처조차 청량하게 감싸주는
위로를 통과한 후

산다는 건 흔들려 보기도 하고
결 따라 흘러보기도 하는 것

토닥거린 마음이 뿌리로 내리고
몸속 나이테가 단단해진다

오후를 받아 든 노을이 저녁을 일으킬 즈음,

여름 특별시

여름이 거주하는 숲은 대도시
빽빽하게 입주한 나무들로 층층이 풍성하고 숲숲이 호황이다
나날이 늘어나는 푸른 세간살이
하얀 꽃나무 초록 사이 채도를 낮춘 청신한 인테리어
팔랑팔랑 입소문이 구릉을 넘는다
새 둥지 임대 놓기 좋은 상가에 온갖 새가 북적거리고
야생화 특별 지구는 높은 마천루 아래서 향기를 전시한다
샛바람이 한 번씩 광고하는 최적의 도시
몇 번의 비 온 뒤 분양가는 더 높아지든가
은빛 햇살로 반짝거리는 푸른 네온들
육중한 무게감으로 경치를 업그레이드하는 바위 밀집 지역은
걸터앉아 쉬기에 좋은 노른자 땅
그 먼 시대 신선이 노닐다 간 전설이 서린 곳이라던가
입에서 입으로 특수를 누리는 번화가
피톤치드 개방으로 생기 푸른 신호들
빈틈없이 붐비는 숲의 어깨를 부딪치는 바람에도
말없이 거처가 되어 주는 대대손손
울창한 유산
빌딩보다 화려하게 건국한 도시는
나날이 번성 중이다

햇빛을 바투다*

범람한 햇살이
살아 있는 것들 위로 끈적하게 내려앉아
오차 없이 배달된 오후

잠시 생략하고 싶은 시간은
견디는 것이 아니라
기다려야 한다는 것

매서운 독기조차 무너져 내리는
삶의 난전은 모래 박힌
조개처럼 뱉을 수도 없는 성장통

저장된 햇살에 푹푹 익어가는
숙성된 더위

예고 없는 소나기만 기다리며
꼬리 긴 여름을
받아내고 있다

* 바투다: '버티다'의 방언

매미

삶을 노래하기엔
세상의 어둠을 맛보아야 하고

세상 속으로 날아가기엔
더 깊은 어둠을 걸어야 했다

생이 때로는 죽음처럼 긴 터널을 지나고
몇 번의 계절을 돌아

기침조차 할 수 없는 목마름으로
여름에 닿는다

생에 날개를 갖기 위해
기도는 얼마나 뜨거웠던가

인내한 자만이 얻을 수 있는
세상을 향한 기꺼운 비상

고독에 갇힌 긴 묵언이
끝내는 면벽을 깨쳐

쩌렁쩌렁한 음성으로 여름에게
설법 중이다

파문처럼 퍼지는 초록 법당엔
길고도 짧은 한 경전이 울려 퍼진다

폭식

여름의 몸무게는 구체적이다

폭식한 초록에 배부른 여름,

목까지 차오른 광합성의 피로에 안색이
밝지 않은 것은 과식의 대가

초여름부터 시작된 식탐에
부풀 대로 부푼 비만의 날들

태풍조차
먹어대던 덩치 큰 뱃심

날것으로 싱싱하게 출렁이던 푸른 근육들
혈류마다 흐르던 진초록의 피돌기
싱싱한 폐에 드나들던 뜨거운 숨결들

꽃들이 늙어 갈 때쯤
기센 명치에 화려한 만찬은
소화 불량이 오고

거칠어지는 살갗에
소화제는 가을이라는 처방

꽃을 간식으로 먹던 낭만도 잠시
복용한 가을의 매끄러운 소화력

곱게 자란 벚나무 제일 먼저
노랗게 가을을 소화한다

한여름 소나타

질펀한 녹음으로 나무를 키운
여름은 흥하고 있습니다

최고의 날들은 아직 살지 않은 날들이라며*
새순이 점층법처럼 자라서 더 큰 가지를 얻습니다

그늘에 앉아
인내하며 살아 온 마음도 풀어놓고
팽팽한 긴장감도 내려놓습니다

간간이 바람은 친절하고
부용화가 햇빛 소리를 들으려
귀를 활짝 열었습니다

햇살이 매달린
봉선화 방긋한 웃음을 터트렸고

배롱나무 백일 천하에
꽃불 피워 여름을 밝히는데

진록의 지평선 위로
갈피 없이 가만히 있어도
유록의 숨결이 일렁이고

조금 무뎌진 상처를 저 속에
묻고 살다 보니
삶의 무늬조차 초록해집니다

        * 나짐 히크메트의 《진정한 여행》 중에서

축제 이후

뜨거운 햇살 아래 초록은 고열을
앓아가며 걸음을 옮겼던가

한껏 산다는 게
초록에 물드는 일이었으니

한통속으로 논다는 게
어디 소나무뿐이었던가

화려한 축제로 한때를 채웠고
조용한 일상도 축제였음을

모두가 미친 듯 에워싸고
금요일처럼 들떠 놀다 돌아가는 길

마지막 포로가 된
백일홍의 순교가 붉다

자꾸만 뒤척이던 녹음도
그늘을 깔아 눕고

쏘아대던 햇살 부리에
지친 등허리

독사 같던 낯빛도 슬그머니
산등성에 고개를 묻는다

가을체 서신

해바라기의 죄

삶을 흔드는 세상의 한가운데 있어도
그대의 눈빛만으로도 행복했습니다

나도 모르는 사이 노란 옷깃에 환한 미소의
그대를 자꾸 닮아 갑니다

거침없이 다가오는 뜨거운 유혹
찬란하고 격정적인 관능의 혀에

여름내 탕진한 그대와의 사랑에
나의 목은 자꾸 길어만 집니다

한 생애가 닿지 않는 곳에서야
비로소 눈물로 맺히는 까만 눈동자

머리채 숙인 이별이
예감처럼 목을 따라옵니다

사랑했던 시간이 내 심장에 잡혀 온 죄로
지금 가을을 수감 중입니다

가을 코드

여름은 균열했다

지루한 나뭇잎도 각자의 방식대로 여름의 틈을 빠져나가려
가을빛에 몸을 던진다
한바탕 지독한 꿈을 꾸고 난 듯 흥건했던 날들이
서서히 말라 가고
집요하게 원본을 복제하던 초록의 작품도
유행 지난 무늬처럼 바래져 가고
솔 아래 맥문동
보라의 추억만 남겼다
청소를 한 듯 쾌청한 하늘이 '눈부신' 형용사로 일상을 채울 때
한 점 소붓하게 몽우리 진 소국이 가을을 채근한다

조금씩 벌어지는 틈새,

제일 먼저 채워지는 갈바람이 예약처럼 불어오고
빨간 달리아는 가시내의 짚은
사랑을 토해 놓은 듯 선혈처럼 붉어졌다
들판에 던져 놓은 수많은 질문에
몸짓으로 답을 내놓는 갈대의 응답은
삶은 해석 나름이라고 몸을 낮춰 전해 준다

노을이 저녁을 물들이듯
생의 비늘이 한 장 한 장 물들어 갈 때
정답 같은 감나무 한 그루
어느새 꽉 찬 결실로
틈을 메운다

가을 산책

하늘은 푸르고
구름은 장식처럼 떠 있어
가을은 하늘로부터 열린다
갈참나무는 두런두런 여름을 이야기하고
상수리가 이따금 톡톡 숲을 노크한다
문득 부는 바람에도
솔기가 터져 쏟아지는 단풍들
하늘은 우듬지 위로 넓은 구름바다를
내려받아 때때로 수채화로 변하고
오솔길 풍경을 따라 자박자박 걷노라면
가슬가슬 낙엽이 되어 가는 것을 만질 수 있다
다정한 모퉁이마다
싸리꽃 연서 같은 그리움으로 목을 길게 늘이고
따사로운 햇살을 밟으며
전나무 숲에 이르러 상록의 청신함을 마신다
노란 산국화가 햇살 고이듯 피어 있고
쑥부쟁이가 연보라 손을 흔들어 풍경을 완성해 준다

바람

꽃

단풍

그리고 햇살…

길 위에서 만나는 이들을 따라 걷다 보면
어느새 닿은 가을 언저리

늙은 호박

한 덩이 늙은 호박이 스님을 닮았다

둥근 몸을 말아 호박잎 도포를 넓게 두르고
단정하게 묵언 수행에 든 스님의
가부좌 같은,

꽃이 진다는 건 열매를 맺기 위함이고
스님이 선정에 든다는 건
깨달음의 결실을 보기 위한 것이기에

태양을 향해 면벽 수행하는 것도
도를 수련하는 과정이고
씨가 맺히도록 익는 것도 도를 이루는 것이니

긴 장마에도 썩지 않고
질긴 생명의 줄기로 버틴 내공이
어느 스님의 좌선에 못 미칠까,

서늘한 밤이 지나고
새벽에도 안으로 안으로
경전만큼 긴 말씀을 곱씹어

붉은 태양의 죽비를 맞으며
말없이 가르쳐 준 바람의
깨달음 끝에

마침내

가을이 낳은
사리 한 덩이

그 여자

여름내 초록 옷만 입던 여자가 나타났다
머리는 풀어 갈대처럼 날리고
건조한 얼굴은 감빛으로 볼터치를 했다
입술은 빨간 꽃으로 농염하게 바르고
선선한 바람에 초록이 지겨운지
화려한 옷으로 점점 바뀌고 있다
하루는 알록달록한 원피스로 하늘거리고
하루는 노란 국화 정장을 그윽하게 입고
목엔 메밀꽃 스카프를 두른
한껏 멋 부린 저 여인
풍성한 엉덩이에 벼 이삭은 차마 부끄러워 고개를 숙이고
저만치 허수아비 아저씨는 손짓하며 유혹을 한다
맘씨 넉넉한 그녀는 파란 미소만 창공에 날릴 뿐
앞자락 안고 가는 저 여인 아마도
가을을 잉태한 것 같다

소문

매미의 완창에 나무의 귀도 늘어진다
바람이 여름을 바꾸려 들자 마을엔 가을병이
도질 거란 소문이 자자하다
팔랑귀 갈대는 몸집을 비우느라 웅웅거리고
과꽃은 몸에 겨운 꽃을 이고 피해 보려는데
문제는 코스모스의 허리 병이 예사롭지 않다
꼬마 도토리 녀석은 모자도 벗지 않구
떡갈나무 아래서 눈빛만 반짝이고 있다
소문의 발원지는 파미르였다
고산에서의 갈빛 전언이 은발로 다녀간다는
기러기의 가을체 서신이었다
면역 강한 전나무는 표정이 없고
벚나무는 벌써 얼굴빛이 노래졌다
약체인 것들은 빠르게 앓아눕고
카멜레온처럼 버티던 느티나무는
절정으로 치달아 지혈이 되지 않는다
들불처럼 퍼지는 사연을
나뭇잎이 퍼트리자 걷잡을 수 없는
새빨간 소문이 울긋불긋하다

가을 악보

신의 악보는 지금 가을을
작곡 중입니다

높은 하늘에 흰 구름은 우아하게
칸타빌레로 시작합니다

들판의 사과엔 단물이 들도록
안단테로 연주를 하고

여름내 햇살앓이를 하던 초록 숲엔
쉼표를 달아 줍니다

가을을 데리고 온 바람에겐
하모니를 맡기고

들국화와 코스모스가 한들한들 간주로 들어가면
감미로운 연주가 되어 갑니다

도돌이표는 필요치 않습니다

하루하루가 향연 중이기에
지금의 풍성한 음표들을 연주하면

그들의 노래는 저절로 불리는
휘파람 같은 것

기립한 허수아비는 춤을 춰도 괜찮소

색색의 악보에 저절로 물들어 가는
현란한 음색

처음인 듯 익숙한 교향악
환희를 삽입한 변주로

피날레는 화려하고 장엄하게,

고엽

가을비 내려
나무가 꽃인 시간이 가고
낙엽이 꽃이 된 때
문득
우산 아래
우린
꽃인 적이 있는지
꽃다운 적이 있는지
꽃답게 갈 수 있는지
뜨거운 질문이 내린다
살자
살자
더 뜨겁게 살자
꽃이 아니어도
뜨겁지 않은 청춘이어도
태양 아래 부끄럽진 않았으니
생애 어디쯤
이슬에 영혼을 씻기고
바람 앞에 표표히
고엽이 되리니

낙엽 그… 프롤로그

　추분이 지나자 하나 둘 허공을 꿈꾼다 봄부터 시작된 사연은 극적이었지만 나무를 떠난 낙엽의 곡선은 가을빛 뭉근한 포물선이라서 어스름 하늘가에 붉어진 가슴이 그림자로 내린다 뿌리를 잃고 난 후 허전한 통증이 잠시 갈대처럼 일렁였지만 바람이 데려가는 가을의 국경을 넘어 어느 하늘 아래 홀홀히 따스운 별로 잠 들을까, 꽃보다 고운 낱낱의 말들이 나긋나긋 순하게 전하는 귀갓길에 떠나온 것은 떠나 온 채로 꿈꾸는 세상 한 귀퉁이에 닿을 가을 한 조각,

가을 배웅

가을이
어디쯤 가고 있는지
배웅을 나선다
하늘은 높고
숲의 향은 깊어
지난여름에 절정이
높았음을 알겠으나
조금씩 스러지는 잎은
가을빛에 창백해진다
수많은 바람이 다녀갔고
수많은 하늘이 있었기에
많이도 참아내며
깊은 뜻을 담아 내지 않았던가
돌아갈 수 없는 길을
반쯤 걸어왔고
아직은 더 가야 할 길을
저 홀로 다녀가기에
우린 또 이렇게 헤어지나 보다

겨울 그 에필로그

사랑사랑 내리는 눈

사랑이 내린다

외로운 자리마다
따스함으로 덮어주듯이,

분분히 날리는
벚꽃의 환한 그림자를
등에 업고 오는 이처럼

쓸쓸한 마음 안으로
잔잔히 스며들어

앞길이 지워진 자리에도
길섶을 밝혀주며

수많은 고백이 소리 없이
전해질 때마다

수많은 눈꽃으로
피어나듯이,

겨울나무가 쓰는 시

끝내,
시가 되지 못한 자음과 모음의 잎새는
제목도 갖지 못하고 나무 아래 폐기되었다
봄부터 쓴 초고는 싱그러운 향필이었으며
바람이 매만진 퇴고는 매끄러워 반짝거렸다
새들이 머물다 간 행간은 리듬이 흘러
군더더기 없는 문장이 출렁이었고
가을에 이르러 농익은 필력이
바람보다 긴 여운으로
남기지 않아도 남아 있는 마음을 담아
높은 뜻은 하늘로 향하고
품은 뜻은 뿌리로 깊어진다
고스란히 드러난 나무의 그늘이
초서처럼 흔들려도
비유 없이 드러난 주제는
겨우내 고독일지라도
빈 가지만 오래도록 긴 겨울을
출력하고 있다

당신의 세상에서

이미 다다른 계절 끝에서
돌이켜 보면 삶의 포로가 되어
분주했던 시간도 끝내는 인생을
정독하는 시간
회전문을 나서듯
당신이 초대한 이 세상은
한 마디씩 여물어 가는 대나무처럼
서툰 오늘을 살아가며
되짚어 간 길의 한 뼘일 뿐
발효된 세상의 뒷면은
다양한 비유로 익어 가고
삶을 은유하기엔 낮도 너무도 짧아
한 장의 법문도 못 될
수많은 회한을 삭힌 농밀한 언어들이
달이고 달인 한 모금의 진한 탕약처럼
명약이 될는지
저마다 앓던 고독과 욕망이 꺼지고 나면
현현한 시간 뒤엔 오롯이
선과 악만 남을진데

어둠의 자리

유빙처럼 시린 겨울을 묻혀
집에 들어서면
어둠의 속살이 불어나 밤의 마디마디
적막의 강이 흐르고

한때 풍성한 들판이었고
바람이고 열매였던 식탁 위로
빈 그림자만 식사를 마쳤고
뿌리 없는 나무들이 검은 숲으로
자라는 동안 시간 여행자의 긴 밤은
오늘도 불면이다

방치된 밤에 불을 피워
책장에 꽂힌 원시의 동굴에서 나온
갑골 문자의 유산이라도 깨우면
살아 본 적 없는 먼 시대에서
마중 나오는 소리에
한기 같던 적요가 조용히
창을 빠져나간다

춥다,
사랑을 찌고 싶다

겨울의 초상

느슨해진 계절이 해거름에 이르러
잠시 생을 내려놓는다

오래된 고목이 노승처럼 의연하고
어진 햇살이 시간의 빈 들녘을
경건하게 어루만지는 때

이미 지나온 길을 따라
눈처럼 희고 맑은 사람들이
시구절처럼 살아가고

아무것도 닿지 않은
음 소거된 강가엔 굳어진
결빙이 목을 메이게 한다

가벼워진 나목이
엄동의 잔등을 긁어 주고
얼어버린 달이 바래져 가는 동안

빈 가지 위로
고요를 흔드는 눈꽃의 속삭임
은빛 품은 자리마다
말없이 무음들만 쌓이고,

겨울 그 에필로그

하늘꽃

동면에 든 겨울이 바람 앞에 시릴 때
회색의 마른하늘이
꽃을 피운다

겨울이 되어서야 발아되어
저마다의 가슴으로 피어
또 한 번 꽃이 된다

이미 적적하고 쓸쓸한 것들에
따스한 위로가
겨울의 뺨을 어루만지고

꽃처럼 피었다 져도
하얀 손길 닿는 자리마다
눈부신 이별은 찬란해
오래 잠든 겨울의 낯빛이
환하게 빛나는

말없이 내리는 눈발은
너에게 닿기 위해서이다

겨울 그 에필로그

얼음 호수

바람의 살결을 모아
물의 근육을 키운 호수는

바람도 비틀대는 수면을
꿰찬 돌멩이처럼

중심을 향해 가는
몰입의 이력은 단단해

유리 가면의 눈빛은
화석처럼 굳어 버려

넓은 등에 갇힌
누설하지 못한 박리된 겨울이

실은, 봄을 예열하기 위해
위장한 물결이었음을

아득한 여명

한겨울 새벽 세 시 반,

폐지를 가득 실은 노파가
달팽이처럼 느릿느릿 수레를 끌고 간다
잠을 반납한 부피는 높고 연장된 밤의 무게는 버겁다
일상을 살아내는 일이 등에 진 무게만큼
수고한 인생이 평안으로 끝나지 않고
병들지 않으면 가난한 용돈벌이의 긴 여정
순간순간 삼켰던 눈물과 길바닥에
버려진 젊은 날의 후회는
도시에 버려진 폐지 같아
어쩌면 느끼지 못했던 유기된 청춘과
언제부턴가 방치되었던 희망을 맞바꾸려
겹겹이 쌓아 올렸을지도 모를
노년의 더미
달빛이 유난히 꽃처럼 환해도
곱은 손등으로 수레를 끌고
하루의 강을 건너고 있다

12월의 송가

아무리 바람이 불고
찬 서리가 내렸어도
등 뒤에선 해가 뜨고 지기를

진달래 무성히 피고
뻐꾸기 길을 내던 날에도,
낙엽이 수척해진 가을날에도,
흰 눈이 세상을 다 가진 날에도
이렇게 해는 또 저문다

후회 많은 날이
누구랄 것도 없이
시작이랄 것도 없이
가엾고 힘겨운 삶을
메고 걸어왔다

살아간다는 것이
때론 상처 난 삶을 데리고
때론 조각난 영혼을 이끌고 떠나는
외로운 여행임에야

누구나 똑같은 시간이 흐르고
주어진 소명 아래
시름 깊은 시간이 지났어도

또다시 내딛는 발길은
바람을 가르는 새의
여명을 향한 날갯짓처럼

새날은 언제나 어둠 뒤에 오듯이

거울 그 에필로그

진실한 숲에서

햇살을 묻히며 걷는 숲은
잔잔한 파란이 지나갑니다

가릴 것 없는 숲은 진실해졌고 계절은
겨울 아래 잠들어 평화롭습니다

가을 이후
말줄임표로 중략된 풍경들

수많은 눈길에도
말없는 나무들의 표정과

어김없이 내려앉은 고요 사이를
날아다니는 새들로 더욱 순수해진 숲

나무는 쉼표에 몸을 맡기고 스스로 크는 법을
더 깊게 배우는 중입니다

기다림의 등걸은 말라 있고
침묵의 고랑은 깊습니다

바위의 검버섯은 더욱 늘어나고
얼굴빛은 굳었습니다

바람은 차갑게 등 돌린 그녀의 뒷모습처럼
싸늘하기만 합니다

그래도 겨울의 밑둥치는 모든 치유가
봄인 것을 알기에 견딜 만합니다

입춘을 베어 문 나무가 꿈꾸는 날들이
푸르기 때문입니다

겨울 그 에필로그

시집을 내며

내 시는 소박하게 태어났다
카카오 스토리에 글을 올리며
내 삶을 통과한 수많은 언어들로
깊은 곳에 침잠했던 나를 끄집어내었고
다른 이의 삶도 깊게 들여다보게 되었다
누구나 상처 하나쯤 인생 훈장처럼 가졌을
그 아픔들을 위로하고 싶었고
하루하루 버티고 힘을 내는 가여운
삶에도 응원과 위로를 하고 싶었다
그렇기에 고난이 지난 뒤는 항상 희망이
온다고 많은 시에 긍정과 희망을 뿌렸나 보다
모두 처음 살아보는 인생살이가
녹록지 않고
살아간다는 게
늘 끝 모를 여정이므로
시 나부랭이로 뭘 위로할까마는
내 언어가 독자들 가슴에 온통 하얗게
잠시라도 영혼이 씻기고 건조한 현대인의
감성 세포가 저 깊은 가슴 속에서
몽글몽글 피어나길 바래 본다

또 가을 앞이다
헛헛하고 쓸쓸한 계절에
사랑받지 못하는 곳에 가슴이 머문다
외로운 사람들과 지친 사람들에게
따스한 위무를 전하고 싶다

가을 깊은 길목에서 이선 전세연 배상

※ 본 시집은 저자의 입말을 살렸습니다.

시집을 내며

독자의 소리

2016년부터 카카오스토리에 시를 하나씩 올리기 시작했습니다.
그것들을 모아 오늘의 시집을 냅니다.
카카오스토리에 올린 시를 보고 많은 독자와 카친 분들께서 댓글로 감상평을 달아 주었습니다.
그들 중 일부를 골라 올려보았습니다.

이 아침 산뜻한 한 편의 시와 함께 시작합니다
관조의 힘이 대단합니다
- 권영숙

미역을 이리 근사하게 노래하실 줄이야
- 전나무

그립고 따듯한 시각으로 풀어내신 미역이
먼 청정 해역 심해로 눈길을 인도하네요
잘 감상했어요 시인님
- 성영희

캄캄한 이른 아침 글이 맘을 밝혀 주시는 것 같습니다
- 산마을 이야기

표현력에 감탄합니다 어쩜 올리시는 글마다 달고도 답니다
- 심월연

전세연 시인님의 글들은 향기가 좋습니다
- 견우 김석범

감성을 타고나신 것 같아요 글을 읽으면 맛깔나거든요
독특함이 천재적 재능이 있어 늘 감탄하게 합니다
- honey

그녀의 글 맛 음미할수록 다가와 마음을 열게 하는 그녀만의 시
- 꿈꾸는 영혼민서

멋지십니다 아름답습니다 고운 느낌 받아 갑니다
- 음류 시붓

아름다운 문체는 늘 감동이 출렁~~
- 최헬렌

함축된 글 속 진한 교훈이 가득한 좋은 글
배독하고 갑니다
- 월봉 김오준

계절을 노래한 시 명작입니다
- 조정남

시인님 시는 참 마음에 착 와닿네요
- shalom최명숙

조탁의 귀재 같다 시는 언어의 조화다 시편을 볼 때마다 꽃밭이다
- 홍하영

시인님의 시를 읽으면 제자리에 잘 여미어 놓은 시어를
한 줄 한 줄 귀하게 보듬어 읽게 되네요
- 한명희

시인님의 글은 깊이 빠져 들게 되요 멋진 언어의 나열
탄탄한 필력입니다 좋은 글 많이 빚어 주세요
- 박순영

아름다운 봄날의 멋진 풍경을 고운 글로 아름답게 담으셨습니다
- 강시진

장마를 구독 중 이번 장마를 멋지게 표현하셨네요
- 루미lee

언제든 믿고 보는 세연표 가슴 따듯해지는 시
- 여로

꾸준히 시작을 이어가는 전세연 시인님 응원합니다
- 홍계숙

아 가슴 저리는 모노드라마
- 안영덕 느낌따라

그렇게 살곰살곰 봄이 자라는 틈에 우리가 시끄럽게 몸살을 하고 가네요
맑은 기운 하나 읽어가요
- 유경 곽구비

초봄을 아기자기하게 참 예쁘게 표현하셨습니다
- 다빈

잘 읽고 기분 좋게 출근합니다 시인님 덕이어요
- 철원 아줌

정감이 뚝뚝 넘치는 글
봄의 속살을 제대로 만지는 듯 참 좋은 글입니다
- LEEOKSUN

사람의 꿈을 수혈한다는 발상이 근사합니다
- 수니

결코 꿈을 잃지 않는 그녀의 영혼이 아름답습니다
- 김순임

마음이 한없이 가라앉아 힘들었는데 위로를 받습니다
- 김진옥

가만가만 읽어 내리며 좋았네요
늘 사물을 사색하며 사유하며
단단히 그려 내는 시인님만의 색채

- 우중화

기발한 발상의 글 최상의 글을 주신 시인님 감사합니다

- 박순영

님의 글은 언제 읽어도 언어의 마술이 풀리듯 술술~~
넘 멋지네요 언어의 마술사라 칭하고 싶습니다

- 오드리

전세연 시인님 '매미의 울음이 삶의 경전' 표현이 멋지네요

- 이맹희

세연님의 시가 좋아 읽을 때마다 가슴 두근거림이 있어
필사까지 했던 그 설렘을 지금 다시 느껴 보네요

- 김진옥

나무가 자라듯 여름이 흥하듯 이선님의 시도 점층법처럼 커지고 있습니다
- 생각소년 김영안

멋진 감각의 언어는 언제나 감동이고 내 맘의 느낌표입니다

- 우애숙

작가님은 늘 따듯합니다 이렇게 멋진 시 자주자주 써 주세요
- 하선아루치아 꿈리더

수채화를 보듯 고운 언어들입니다
- 자명

자박자박 살아가는 인생을 가을에 담아 말하는 것 같습니다
시가 너무 좋습니다
- 권병렬

우리 삶이 연처럼 살고 있음을 애기하고 있는 것 같습니다
멋진 글 공유합니다
- 이동근

늘 반가운 글을 대하며 울림을 받습니다
- 조시택

늘 감성을 멋지게 터치한 글
- vjkvisions

계절시 한편 씩 멋진 작품
쉬운글이 아님에도 쉽게 읽혀 좋습니다
늘 감동하며 읽고 또 읽습니다
- 해밀 김창임